木花咲耶子の運命学

私が運命を鑑《み》る理由

木花咲耶子

JN250533

今日の話題社

はじめに

「占い」……この不思議なもの
これは　いったい　どのようなものなのでしょうか

占いは　古い時代から　自然と人の間にあったものです
そして　占いには　さまざまな種類のものがあります
同じ種類の占いであっても
占う人の考え方・伝え方によって
それぞれに　大きく違いがあると思います

「あなたの占いは　どんなものですか」
と問われたら　私はこのようにお答えします

『人生の天気予報であり
生きるヒントにするものです』

私達が　毎日の生活の中で
天気予報を参考にして　役立てているように
人生にも　天気予報や　生きるヒントがあれば
心強く生きることができるのではないでしょうか

私が占いと巡り合い　関わり合い
向き合って約三十年になります

わたくし　木花咲耶子の運命学が
一人でも多くの人のお役に立ち
その人を励ますことができたなら
何よりもしあわせです

木花咲耶子の運命学　私が運命を鑑る理由　目次

転換運 ● 50

出会いについて

なぜ私が運命を鑑《み》ることになったのか……

占いと出会う前の私は、占いに対して

「自分には必要のないものだ……」と思っていました。

むしろ、

「近づいて惑わされるようなことがあってはいけない……」

と考えていたと思います。

そんな私が、運命を鑑《み》てもらって、

驚き、思ったことは

「これはどんなものなのか……自分で確かめてみたい」

ということでした。

〝確かめたい〟から始まった、占いとの関わりの日々——

私が運命について、勉強していく中で

こだわったことが、二つあります。

一つは『自力《じりき》を前提とするものであること』

「人はそれぞれに
自分のことは　自分で決めて
自分の人生は　自分の力で進んでいくものである」
このことを前提として、
あくまでも参考にするものであること。

もう一つは『現実的であること』

現実の生活をより良いものにしていける様に、
具体的な方法が提案でき、活用しやすいものであることが
大切であるということです。

運命について知った後は、知る前より
安心できる
元気が出る
勇気・やる気が増えるなど、
足踏みしたり、足を止めていたところから
自らの力で進んでいける
そのために　役立つ占い――『運命学』

これを求めて、私は今に至るまでたくさんの運命と向き合い
運命学と共に歩んできました。

占法《せんぽう》について

さまざまな種類の占いがある中で、
私はどのような種類のものを選び、
どのような方法で、運命を鑑《み》ているのか……
私の占法《せんぽう》について、お話しします。

私は、二つの占法で鑑定をしています。
一つは四柱推命学。
もう一つは宿曜占星術です。

四柱推命学では、主にその人の個性の特徴と、
運気を鑑《み》ます。
宿曜占星術では、対人関係について鑑定します。

四柱推命学も、宿曜占星術も、
生年月日による鑑定方法です。

なぜ私が、生年月日による占法を選んでいるのか……

「生まれる時」は、人間が決めるものではなく、
自然の力によって決められるものです。

自然の力によって生み出された、私達の生年月日には、
自然から授かった内容が、たくさん詰まっているという考え方からです。

では、その一つ
四柱推命学とはどのようなものか――

四柱推命学は古代中国で、自然現象・天体の動きを観察するところから始まり、次第に人の一生を記録・観察していく中で、法則性のあることを見つけ、統計的なものとなり、伝えられてきたものです。

地球上のすべてのものは、宇宙の『「気」＝エネルギー』の
影響を受けて、生まれ、生きていく。
自然には、運行があり、
「気《エネルギー》」には法則がある。
自然の生きものである人間は、
自然の法則に合わせることで、
自然に生きることができるもの。
長年にわたる、自然と人間の関係についての
研究・学問であると言えるものだと思います。

では、私が四柱推命学から読み解ける事を
私の表現でお伝えすると……

四柱推命学では、大きく分けて二種類のことを知ることができます。
一つは、生まれ持って変わらないその人の『個性』。
もう一つは、その時々に変わっていく『運気』です。

まずは『個性』について——

私達は生まれた時には、
すでにその人の特徴を持っています。

それが『個性』です。

『個性』はその人の持ちものです。
その人の性格・考え方の基準・ものさしとなるものです。
それぞれの人が、それぞれのものさしを使っています。
これがお互いの考え方の違いに表れます。
ひとり、ひとり、その人が大切であると考えるものが違い
優先するものが違います。

私たちはそれぞれに、持っていないものもあります。
これが欠点です。欠点は悪点ではありません。

持っていないもののことはわかりにくい、
苦手であるということです。
持っているもの、自分の『個性』は活かすことが大切です。

持っていないもの、苦手な点・欠点は、補う方法もあります。
「みんな平等に持っているものと、持っていないものがある」
ということを知ると、お互い、より許しあい、助け合って
生きられると私は考えます。

次にもう一つのこと
『運気』とは何でしょうか……

『運気』とは、運ばれてくる「気《エネルギー》」
その時々に、宇宙から届けられる「気《エネルギー》」です。
「気《エネルギー》」が届くと、
私達はその影響を受けます。

それが「気持ち」です。
運ばれてきた『気＝運気』を受け取って、
その影響を受けたものが、その時々によって、
色々に変化する私たちの気持ちであると考えます。

言いかえれば、「その人の現在《いま》を鑑《み》る」ということは、
「現在《いま》その人が運気の影響を受けて、どのような気持ちになりやすいか」
ということを鑑《み》ることになります。

そして、その気持ちに合う事を選び、
過ごすことが良いと考えます。

〝『運気』に添って〟生きる
これが四柱推命学から教えられた
自然に生きる方法であると考えます。

もう一つの占法　宿曜占星術について――

原点は、インド。
天文学を基とする、占星術から始まったもので、
日本には弘法大師　空海が留学先の唐から持ち帰った
経典の中の「宿曜経」が残され、伝わったものです。

宿曜占星術は、密教占星術とも言われます。
空海が残してくれた、対人関係の秘法、教えを
私はどのように、お伝えしているのか――

私達人間は、人と人の間、
人とのかかわりの中で生きています。
私達がより良く生きるためには、
より良い人間関係が大切です。

私達は、どの人にも同じかかわり方を
する訳ではありません。
ひとり　ひとりに違うかかわり方をするものです。

人とのかかわり方の違いには、距離の取り方と、
お互いの立ち位置が関係すると考えます。

お互いにとって、良い距離と良い立ち位置を
保ってかかわり合うと、より良い関係が生まれます。

そして、より良い関係を作るのに
大切なものは『言葉』です。

一番身近な家族だから――
一番近くにいるパートナーだから……と、近づくばかりが、
良い方法とは限りません。

大切だからこそ、離れて見守り合う――

見守りの言葉が、必要になる場合もあります。

対人関係においては、自分だけではなく、
相手のあることですから、
『自分の努力が足りない
もっともっと努力しなくては……』
『相手の努力が足りない
もっともっと努力してくれなくては……』

――と考えるより、
「お互いにとって、この方法が良いですね」という良い意味での〝あきらめ〟が大切だと考えます。

宿曜占星術は、せっかくこの地で、
この時に出会えたご縁を、
より良いものとするヒントを与えてくれるものです。

四柱推命学によって、自分を活かす方法と、
自然に生きる方法を知り、
宿曜占星術によって、より良い対人関係を知る。

これが私の占法です。

運を良くする方法について

私が時々、お受けする質問に、
『私は運が良いのですか？　悪いのですか？』
『今年は運が悪い年ですか？　来年は良い年ですか？』
という様な質問があります。

私はこの質問に対し、
「生まれつき運の悪い人はありません。
すべてが悪い年という年もありません。
誰もが、運の良くなる方法によって、

自分の力で運を良くしていくことができます。」
とお答えします。

努力しても、良くならないのならば、
初めから、結果が決まっているものならば、
運命について、鑑《み》る必要もありません。

運の良くなる方法を知り、運の良くなる行動を取って
努力をしていけば、誰もが運を開いていくことができると
私は考えます。

そこで、運の良くなる方法とは……

運命には二種類のものがあります。

生まれ持って変わらない、
その人の『個性』と、

その時々に変化して巡って来る、
その人の『運気』です。

◆まず『個性』においての運を良くする方法は……

生まれ持った個性は
人によってさまざまな違いがあります。
しかし、
この人は良い個性を持っている
あの人は悪い個性を持っている、ということはありません。

たとえば一つの考え方として、
人によって異なる、個性の特徴を鑑ていく中で、
特徴別に大きく二つに分けることができます。

一つは、まっすぐに考える傾向を持つタイプ。
もう一つは、奥深く考える傾向を持つタイプです。

まっすぐに考えるタイプの人は、
わかりやすい人とも言えます。
自分の個性をありのままに表に現し、
進むことが合っています。

奥深く考えるタイプの人は、
わかってもらいにくい人とも言えます。
自分の個性を多面的に変化させながら、

進むことが合っています。

それぞれに、自分の個性に合った進み方があります。

それが、自分らしく生きる方法です。

「自分の個性を知り、自分の個性を活かすこと」

これが、生まれ持った自分＝個性においての

運を良くする方法であると考えます。

◆次に『運気』においての、運を良くする方法とは―

自然に季節の移り変わりがあるように、
運気にはそれぞれに異なる周期《リズム》を持つ
いろいろな種類のものがあります。

その中からまず、【動】の時と【静】の時の運気について……

運気には、【動】の時と【静】の時の
周期を持つものがあります。『運気＝運エネルギー』
運エネルギーは、時により量が増えたり減ったりします。

【動】の時は、運エネルギーの量が多い時にあたり、
活動的に過ごすことが合っています。
活動しないで運エネルギーをあまらせると、
不満につながりやすい時です。

【静】の時は、運エネルギーの量が少ない時にあたり、
静かに過ごすことが合っています。
物事には始まりと終わりがあります。
【動】の時は物事を始め、進めていく時期です。
物事を始め、進めていく時には、

何かの判断・決断をするものです。
判断・決断には多くの運エネルギーが必要ですから、
【動】の時にスタートして進めていくことが合っています。

【静】の時は、静かに物事のしめくくりを迎える時期であり、
【動】に備えて、準備・計画などをする時期です。
【静】の時は、運エネルギーが少ない時ですから、
運エネルギーを貴重に使って、無理をしない方が良い時です。
【静】の時は、物事をスタートするのには向かない時です。
少ないエネルギーで、物事を判断した場合、
あせりが出やすく、判断ミスが起こりやすいからです。

【静】の時には、いつもより、ペースをゆるめてゆっくり進むと、急いで動いていた時には気づかなかったことに気づくことができるものです。

その気づきは、先に進むために役立つものだと思います。

◆次に、小さい周期の運気について……

小さい周期のものは、年運・月運などです。

一年の目標を立てる時、年間のスケジュールを作る時に、運気に合わせた計画を立てると、運気ごとの収穫を得やすいというものです。

◆最後に大きい周期の運気について……

大きい周期の運気は、大運です。
大運は、十年を一周期とするものです。
十年が一つの運気、
一種類の運エネルギーの影響を受けると考えます。
大運の一周期は、十年間の課題の様なものです。

十年を通して、この内容を大切にしましょう、
十年を通して、このことを優先すると
満足を得やすいですというものです。

そして、大運の節目、
新しい十年への変わり目を迎えたら、
新しい課題に向かって進んでいくことが良いと考えます。

大運は、人生を通しての大きな計画を
立てる時のヒントにすると有効です。

大運は、『人生には節目があり、節目ごとに
変化を受け入れ、進んでいくことが自然である』
そして、『人は変わっていくことが自然である』
と教えてくれます。

【動】と【静】の運気、小さい周期の運気、
大きい周期の運気は、
それぞれの人に、巡り来る時期は異なりますが、
誰もに平等に巡り来るものです。

『巡り来る自分の運気を知り、運気に逆らわず、

運気に合わせて過ごしていくこと』
これが、その時々に変化する運気において、
運を開く方法であると私は考えます。

運命の階段

「これでいい　これでいい」と思って
ここまで進んできたけれど
目の前に壁が現れて
進むことができなくなりました
「どうしたらいいのだろう……」

ふと
やっと
「こうしてみよう」と思いました

そう
あなたは運命の階段を昇ったのです

今のあなたは
「これでいい」＋《プラス》「こうしてみよう」のあなた

これがあなたの成長です

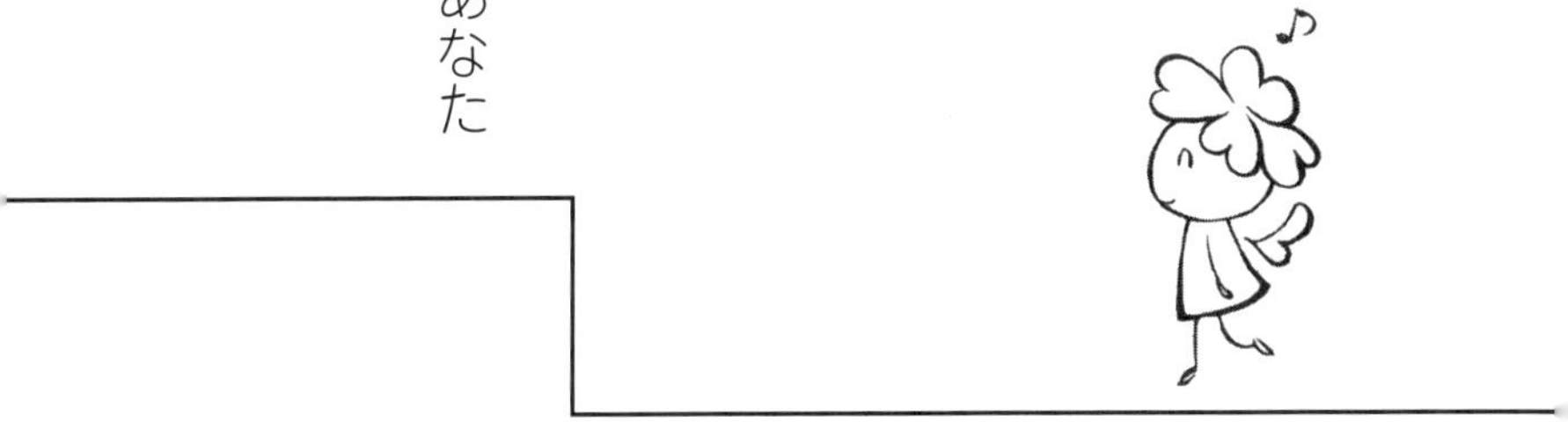

みなさんを
ハッピーにする
よつ葉の妖精
“はぴよん” です

よつ葉のクローバーの
一枚一枚には意味があり
４つそろうと
幸せになれるのです

悩みについて

人生には、色々な日があります。
晴れの日ばかりではなく、
雨の日もあれば、曇りの日もあり、嵐の日もあります。

日々、天気に変化がある様に、私達の気持ちも、
いつも同じではありません。
誰もが迷ったり、悩んだりする時があります。

運命学は、天気予報と同じく、

データにより法則性を出す統計学です。

天気予報で雨の降る確率が高い時には
傘を持って出かけるように、
運命学では、『この運気が巡っている時には、
このような悩みを持つ確率が高くなります。

そして、その悩みを軽くするには、この方法が有効です』
ということがわかりますので、
参考にしてもらうと良いのです。

運気の種類はたくさんありますが、
その中から、特に悩みに関係しやすい運気である、

・『調整運』♥
・『変動運』★
・『転換運』●

についてご紹介します。

『調整運』♥

いつもより　弱気
いつもより　心配が多く不安になり
しょんぼりしてしまう

このような悩みには、『調整運』が関係しやすいものです。
調整運の時には、感覚が細かくなり、
敏感に感じ取りやすくなるため、いつもより色々な
ことについて、気にしすぎの状態になりやすいものです。
気にしすぎは、悩みにつながりますが、

気が付くことはプラスのことです。
大切なことに気づくことは必要ですし、
気づかいは思いやりとなります。
『調整運』とは、調子を整える時。
いつもよりペースをゆるめて、心身共に、
ゆっくり、じっくり、コツコツ過ごすことが合っています。

『変動運』★

いつもより　冷静でいることができない
いつもより　神経が張り詰めて
イライラしてしまう

このような悩みには、『変動運』が関係しやすいものです。
変動運の時には、いつもより勢いがあり、
強くなりやすいため、はっきりさせたいという気持ちから、
怒り・腹立ちが起こりやすいものです。
強くなりすぎると、対人関係などで

トラブルが起きやすいものですが、
いつもより強い時には、勇気が湧くものです。
その勇気をプラスの方向に使えるとよいのです。

『変動運』とは、変化に対応していく時。
計画通りではないこと、想定外のことにも、
冷静に立ち向かうことが合っています。

『転換運』●

いつもより　落ち込んでしまう
いつもより　希望が見えなくて
もやもやした気持ちになる

このような悩みには、『転換運』が関係しやすいものです。

転換運の時には、いつもより考えが深くなりやすく、考えすぎの状態になりやすいものです。

考えすぎると、頭がいっぱいになって重くなり、沈みやすいものです。

『転換運』とは、別のものに換えていく時。
今まで通り、いつもの方向ではなく、
違う方を見てみることによって、プラスが生まれる。
気分転換によって発想転換ができる時。
時には、めずらしい方を向いてみましょう……
という運気なのです。

悩みの中にいる時、自分のことを第三者として、
客観的にながめてみると、

心の整理ができ、自分の中に持っていた答えに、
たどり着くということもあるものです。

運命学は、私達が日々を生きる中での天気予報。
私達が迷った時「今はこの方法で過ごしてみては……」
とヒントを与えてくれます。

止まない雨はないように、変わっていく運気が
「同じままとどまることはありません。
時と共にいつか悩みも軽くなるものです」
と示してくれています。

☆ 意識を変える三つのヒント ★

私が鑑定をする時、

『責任感の強すぎる人』や、

『人から、どのように見られるかを気にしすぎる人』は、

他の人よりも、ある種類の運エネルギーが多いと考えます。

その運エネルギーとは、『意識する』運エネルギーです。

私達は、対象とするもの（人・仕事・役目など）に

対して意識する時、〝神経〟を使います。

『意識する』運エネルギーを多く持っていると、
たくさん神経を使うことになります。
責任に対して、ふつうの人の二倍意識すれば、
神経を二倍使って疲れることになり、
人に対して、ふつうの人の三倍意識すれば、
人の三倍の神経を使って、
神経が張り詰めた状態になると考えます。

自分の仕事に対して、荷が重すぎると思っている人——
『人に認められなくては……』と苦しい思いをしている人
『私がこんなに思っているのに、あの人がわかってくれない』

とつらい思いをしている人――
『あの人に、こんなことを言われてしまって……』
と悲しい思いをして悩みの中にある人達に
「あなたが向き合っているものに対して、
このように思ってみるのはいかがですか……」
という、三つのヒントをご紹介します。

ひとつめのヒント

【どこまでも　どこまでも……】

どこまでも　どこまでも
どこまで　行っても
確かめられないもの
それは……
他人の心

誰でも　他人の心の中の
すべてを知ることはできないものです

けれど
自分の心の中は　わかります

だから
他人の心の中を気にすることより
自分の心の中を　大切にする方が
よいのではありませんか……

自分の心を
確かめながら　確かめながら
自分のことが一番わかる
自分自身の心で
自分を認めていくのが
良いのでは　ありませんか……

どこまでも
どこまでも
あなたの心は
いつもあなたと共にあります

ふたつめのヒント

〖分けてもらったもの〗

自分とは何でしょうか

「自」＋「分」

自《みずか》らに分《わ》けてもらったものと書きます

あなたの　頭の中も

あなたの　心も

あなたの　身体も　あなたの分《ぶん》

あなたのものということです

誰かに　あなたが　このように
頼まれたとしたら……どう答えますか
「私の願う事だけ　考えて」
「私の願い通りのことだけしか　しないで」

誰もが
「そんなこと　できるはずはありません」と
答えることでしょう

その人の頭の中は　その人のもの
その人の心は　その人のもの
その人の身体は　その人のもの

その人の分《ぶん》なのです

だから
他人に　『こう思ってほしい』
『こう考えてほしい』
『こうしてほしい』　を

少しずつ　減らす方が
楽に生きられるのではありませんか

お互いに分けてもらったものを
大切にしましょう

それぞれが
自分の分を大切にして生きましょう

みっつめのヒント

〖私って　いい人〗

あの人　にひどいことをされました
腹が立ちました
怒りました
言い返しました

もう　終わったはずなのに……
心の中は　あの人に　占領されています

何も手につかない　何もできない
あの出来事に　縛られたままです

どうしたらいいの……

人は誰でも
他人にわかってもらえなかったりすると
気分が悪くなるものです
他人とけんかしたりすると
自分のことがイヤになったり　嫌いになったりするものです

そんな時
こんな方法はいかがでしょうか

『どうぞ　お幸せに……』と思ってみるのです
今　あの人のことは　好きになれなくていいのです

『あの人なりに　うまくいくと　いいですね』
と思ってみるのでもいいのです

今　あなたの心は、少し楽になったのではありませんか？

縛られていたものから　解かれた気がしませんか？

今　何が起こったのか……
向きが変わったのです
あなたの意識が向けられていた
方向が変わったのです

『ゆるせない』　から　『ゆるしてみよう』　へ……

誰もが　一生懸命生きる中で
うまくいかない時もあります
失敗をしてしまったな……と思うこともあります

あなたが　誰かをゆるしたように
あなたも　誰かに　ゆるされて
生きているのではありませんか

ゆるしてくれる　あなたって　いい人
ゆるしてあげられる　私って　いい人

ゆるすことで　ゆるされるのは　自分です

対人関係について

私達は一生を通して、
たくさんの人と出会います。
そして、お互いにかかわり合いを
持ちながら生きています。

《人間関係の輪》

私達はそれぞれに、
自分の個性というものを持っています。
自分の性格・特徴は決まっていても、
人とのかかわり合いの中では、
かかわり合う相手によって、
それぞれに違うかかわり方をするものです。

気の強い人であっても、
なぜか、このお相手には頼りたくなる――

気の弱い人であっても、
なぜか、このお相手のことは助けてあげたくなる――

また、年齢や立場を越えて
なぜか、お互い対等にかかわり合えることがある――

この〝なぜか〟は何でしょうか……
これが、ひとりの人と、ひとりの人との間で働く、
目に見えない【運エネルギー】です。

運命学では誰かと自分とが、うまくかかわり合えない時は、お互いの間の【運エネルギー】が、滞って流れていないと考えます。

そこで、お互いの生年月日によって、お互いにとってのよい距離感と、立ち位置・役割についてのヒントをみつけ、その距離・立ち位置・役割に合った、〝言葉〟を使うことによって、より良い関係を作っていくことができると考えます。

人は、人と出会い、かかわり合う中で、
喜び、悩み、思いやり、感謝などさまざまな気持ちを
知ることになります。

ひとりの人との出会いによって生まれる一つの人間関係、
その一つ一つは、私達にとっての学び・課題である
と言えるのではないでしょうか……

仕事について

運命学は、人生の中での迷い・悩みの時にもヒントを与えてくれるものですが、

「さあ、これから始めてみよう」
「これから、このようなことを実現していきたい」
「これから、今以上に成功していきたい」

という様な、出発・前進の時にもヒントを与えてくれるものです。

統計学としての運命学は、
昔は国の政《まつりごと》の舵取りをする上で、成功する確率を
高めるものとして、使われていたものですが、
現在では、個人の生活や仕事を、
より良いものとしていく上で、身近に参考に
することができるものであると思います。

あなたは、同じように努力を重ねても、
結果につながる時と、つながらない時がありませんか？
これは、運気＝運エネルギーの影響によるものです。

運エネルギーの、『種類』と『量』にあったことを計画して努力していくと、
無理なく自然に物事を進めていくことができます。

物事をうまく運ぶためには、今現在のこと、
目先のことだけを考えていては、うまくいかないものです。
長期の計画、先を見通したプランが必要です。

それには、運命学の中の『大運』
十年ごとに変化する、運気の影響を知ることが有効です。

大運によって、人生全体の流れを知ることで、
より良い計画を立てることができ、
チャンスを掴《つか》み、好機を活かすことが、できると考えます。

それに加えて、満足する結果を出すためには、
自分の才能を知り、自分の持っているものを、
フル活用できることが大切です。

たとえば、『お金=財運』について……

運命学においては、財運の才能も、

それぞれの人に違った個性・特徴があります。

活動的財運の才能を持つ人ならば、情報を活かし、お金を流通させせることによって、お金が入ってくるという特徴がありますし、安定的財運の才能を持つ人ならば、信用を優先し、お金を大きくまとまった形で使う方が、有効であるという特徴を持つことになります。

それぞれの人が、自分の持っている財運の才能に合わせていくことで、満足につながっていくと考えます。

より多くの満足を得るためのプランは、
あなたと運命学との共同作業です。
あなたは、あなたの経験により、
あなたの仕事の内容や、状況がわかっています。

運命学は、その時の運気・その影響の
プラス面・マイナス面の特徴を知ることができるものです。
そこで、あなたの仕事の内容や、状況と運気を
合わせ鑑《み》て、どのように使っていくと有効なのかを、
一緒に見つけていくのです。

現実を作っていくのは、その人の行動です。
その人が行動を起こしていくことによって、
努力した結果が現実のものとなるのです。

その行動の前にあるもの――
それは選択です。
その選択の機会に、あなたがより良い選択をするための、
ヒントを与えてくれるのが運命学です。

人生で満足な結果を得ていくということは、
言い換えてみれば、実りの収穫です。

植物は、その種に合った育て方をすることによって、
花が咲き実を結びます。
そして、その種に合った蒔き時と、収穫時があります。

人にはその個性を活かす方法、
伸ばす方法があります。
そして、無理なく自然に、物事を始めるタイミングと、
努力に対しての結果を得るタイミングがあります。

運エネルギーについて

～十の記号・励ましの言葉～

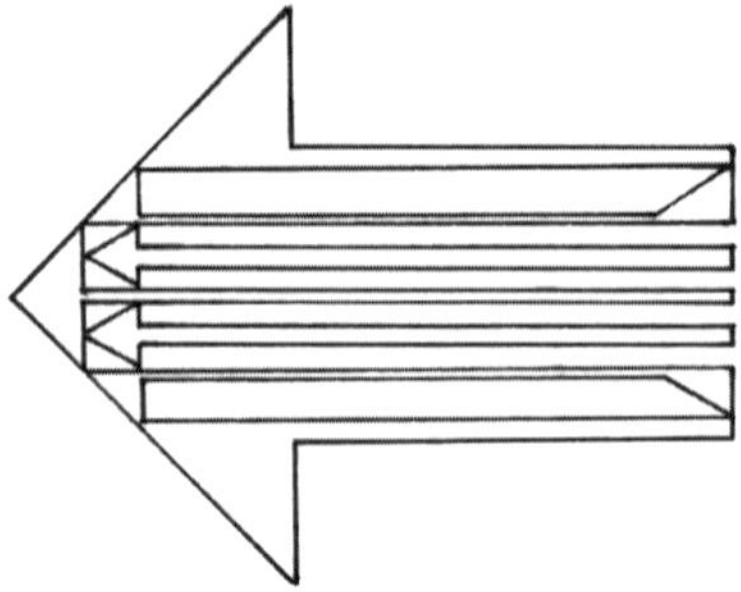

《前進の運エネルギー》

前へ
前へと
とにかくやってみる
思いきって
はりきって
進む
やってみて
わかることがある
その体験が力となる

どんな時も
何があっても
元気が一番
理想に向かって
夢に向かって
自分のペースで
心はずませて
進んでいこう

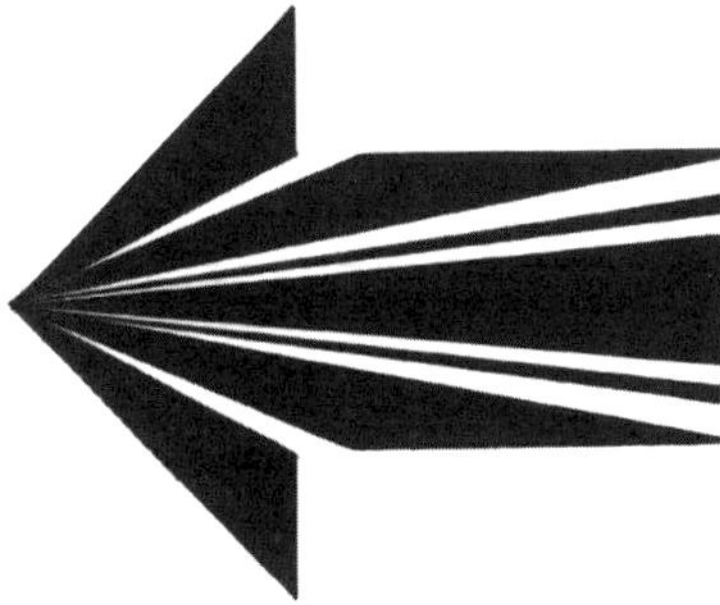

《集中の運エネルギー》

つらぬくこと
そこから生まれる
自信
やりとげること
そこで作られる
実力
自分の力で
切り開く

用心深く
目標を見定め
ねばり強く
向かいつづける
真者《ほんもの》となることを
求めていこう

《大らかさの運エネルギー》

好きなこと
楽しいこと
うれしいこと
夢中になれることを
みつけよう

どんな時も
どんなことも
いいことを
みつけていけば
なんとかなる

生きるよろこび
生かされている
しあわせを
いっぱい感じて
自然な方へ
明るい方へ
ほほえみながら
歩いていこう

《繊細さの運エネルギー》

こまやかに
感じとれるもの
するどく
感じとれること

ひとつ　ひとつの
気づきは
思いやり
やさしさ
与える愛に
変えることが
できるもの

ゆっくりと
じっくりと
つづけていくのがいい

ほんとうに大切なものは
少しずつ　少しずつ
そっと　そっと
作られていく

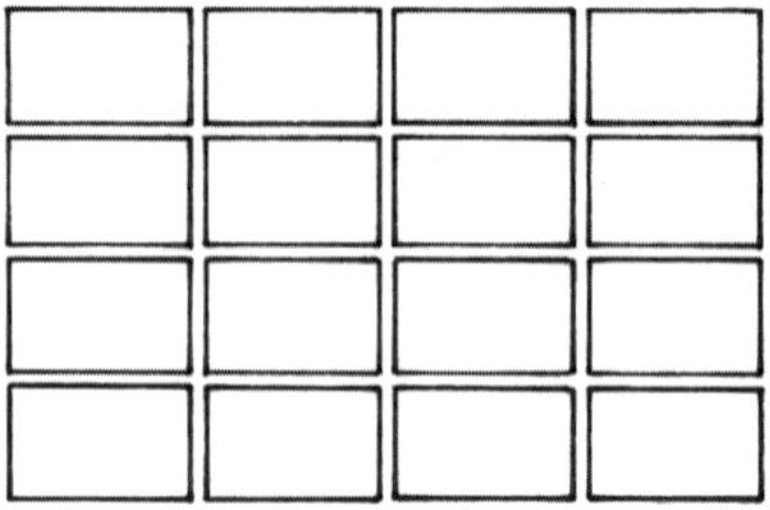

《積み重ねの運エネルギー》

一日　一日
一つ　一つ
こつこつ
こつこつの
努力は

いつか
どっしりとした
実《みのり》となる

信じること
信じられることが
力の源

まっすぐに
ひたむきに

重ね
続け
生きていこう

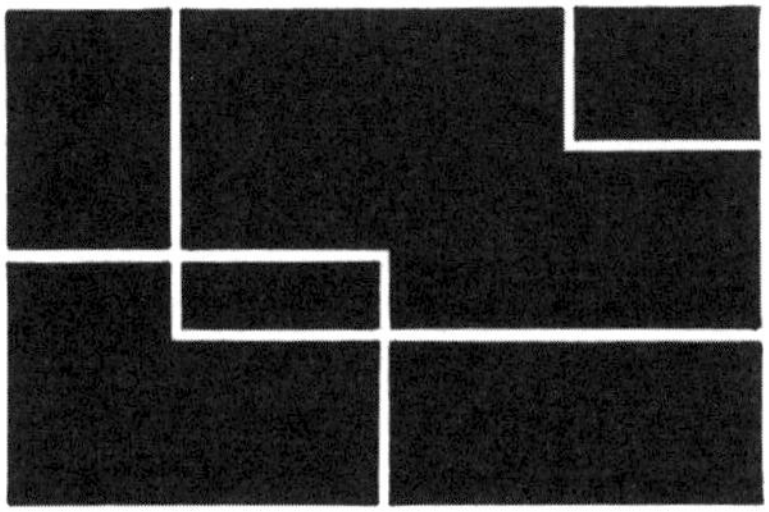

《つながりの運エネルギー》

ひとつ動けば
ひとつ　つながる
つながりは
ひろがりとなり
大きな動きとなる

いろいろな　場所
いろいろな　人
いろいろな　事を知る

合わせること
応えること

とどまることなく
活動的に

どこまでも
変わっていける

《正しさの運エネルギー》

より良い方を
より正しいものを
目指して進む

自分の
役目を
果たす

必要とされる
よろこび

認められる
誇りを
胸に

輝きに
向かって……

《強さの運エネルギー》

強さは
勇気となる
強さは
勢いとなる

大切なものを
守るために
立ち向かう

波も
嵐も
恐れることなく
進む

争うことなく
はっきり
きっぱり
挑んでいこう

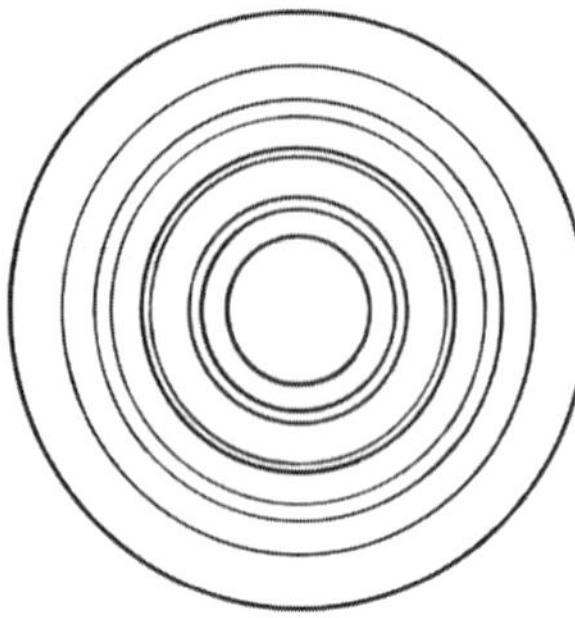

《学びの運エネルギー》

考えること
話し　伝えること
聞くこと
言葉を大切に

古き教え
新しい物事
素直な心で
学ぶこと

学び
知ったことを
広く
大きく
深く
放っていこう
活かしていこう

《自由の運エネルギー》

何ものにも
しばられず
何処にも
とどまらず
自分の時間
自分の世界の中で
何かを
探しつづけよう

不思議
めずらしい
ほかにはない
みつけたものを
外へ
表へ
現していこう

おわりに

古代の人から伝えられ
現在《いま》につながってきた「占い」というもの
古代の人々も　現在《いま》を生きる私達も
「明日の運命はわからない……」という中で
「今日　明日をどのように生きるのか……」を考え
「何か生きる指針＝ヒントが欲しい……」という
思いは同じなのではないでしょうか

「占い」という目に見えない不思議な世界
そこには　ただ　今日　明日の運気を知るためだけではない
奥深い世界があると思います

占いを通して
第三者の目で客観的に
自分というものを眺め
自分の置かれている状況を
捉えると　それまでとは違った
物の見方　考え方が生まれるものです

その新しい物の見方　考え方を　エネルギー源にすれば
新しく自分自身を変えていくことができ

自分がより良い方向に進んでいけるだけではなく
自分が変わることによって　まわりの人にも
影響を与え　まわりの人も　良い方向に
進めていけるのではないかと思います

そして占いを通して
『自然とつながって　人間が在る』
ということを知ることによって

ひとりの人間として
『自然全体の中で生かされている』
という考え方に近づくことができ

『自然な生き方』というものを
探し求めていくことができるのではないかと思います

「占い」というひとつの糸口
誰もが　ひとつのきっかけによって
何かを　変えることができる
という可能性を持っています

私は　ひとりの人の運命を鑑《み》る時
『今、この時に、一生で一度きりのお伝えをさせて頂く』
という思いで　運命に向き合っています

最後に　わたくしから　あなたへの約束《メッセージ》

どんな時にも方法はあります

そして
一期一会
今までも　これからも……

すべての出来事
すべての出逢いに感謝します
ほんとうにありがとうございます

木花咲耶子

（占名）木花咲耶子《きはなさやこ》は、「潔いお伝えをして皆様のお役に立ちたい」という志から、日本神話の女神様の御名より命名させていただきました。

（連絡先）

木花運命学研究所　事務所

三重県四日市市中浜田町 5-22-8F

TEL/FAX　059-352-1643

運命カウンセリング　*K*《木花》・*Y*《四日市》　*Room*《ルーム》

ララスクエア鑑定所

三重県四日市市安島町 1-3-31 ララスクエア 4F

TEL/FAX　059-356-5557

http://office-haru.info/

［著者紹介］

木花咲耶子（きはな　さやこ）

木花運命学研究所　代表

岐阜女子大学文学部国文学科卒

独自の運命学により　現在まで25年間

約2万人の運命鑑定・ご相談に応じている

また　運命学の講義・セミナー・講演

執筆活動・運命鑑定士の育成にも携わっている

幼い頃から書を学び　書家　晴舟（せいしゅう）として

芸術活動　書道教室での指導を行っている

ことばと書の作家　前川　晴（まえがわ　はる）としての

個展「晴展」を定期的に各地で開催し

やわらかく親しみやすい作品に多くのファンを持つ

（著書）

ようこそ真《ほんとう》の幸《しあわ》せへ（2009）　今日の話題社

しあわせはじぶんの心がきめるもの（2007）　今日の話題社

木花咲耶子《きはなさやこ》の運命学　私が運命を鑑《み》る理由

2016年8月22日　初版発行

著　　者　木花咲耶子（きはな・さやこ）

装　　幀
イラスト　真屋野翠子（まやの・みどりこ）

発 行 者　高橋　秀和
発 行 所　今日《こんにち》の話題社《わだいしゃ》
東京都品川区平塚2-1-16 KKビル5F
TEL 03-3782-5231　FAX 03-3785-0882

印刷・製本　協友印刷

ISBN978-4-87565-633-3　C0092